RECHERCHES

SUR LES

CARTIERS

ET LES

CARTES A JOUER

A GRENOBLE

ÉTUDES

DE

BIBLIOGRAPHIE DAUPHINOISE

IX

RECHERCHES

SUR LES

CARTIERS

ET LES

CARTES A JOUER

A GRENOBLE

PAR

EDMOND MAIGNIEN

Conservateur de la Bibliothèque de Grenoble
Correspondant du Ministère de l'Instruction publique.

GRENOBLE

IMPRIMERIE JOSEPH ALLIER

GRANDE-RUE, 8, COUR DE CHAULNES.

1887

RECHERCHES

LES CARTIERS ET LES CARTES A JOÜER

A GRENOBLE

I.

Les cartes à jouer ont commencé à être connues en Europe vers la fin du XIIme siècle, et en France avant 1392[1], elles ont été dessinées et peintes à la main jusqu'à la moitié du XVme siècle ; on les classe aujourd'hui en cinq périodes :

La première, la plus intéressante au point de vue de la variété des figures et des noms des personnages, comprend le XVme et le XVIme siècle ;

La seconde période comprend les règnes d'Henri IV à Louis XIV, mais les variétés sont nombreuses ;

La troisième période nous montre nos figures actuelles, mais en général très mal gravées ;

La quatrième comprend la période révolutionnaire ;

---

[1] Compte de l'argentier Poupart, daté de 1392.

Enfin, la cinquième, le premier Empire avec des personnages gallo-romains.

En 1808, Napoléon chargea le dauphinois Antoine Français, de Beaurepaire, plus connu sous le nom de Français de Nantes, directeur des droits réunis, d'écrire au peintre David pour lui demander des dessins de cartes[1].

« Monsieur, écrit-il, un projet de décret approuvé par le Conseil d'État charge l'administration des droits réunis de faire des moules uniformes pour la fabrication des cartes à jouer. Désirant substituer aux figures bizarres des rois, dames et valets, un dessin dont l'extrême élégance et la pureté rendent la contrefaçon difficile, et qui puisse en même temps, par la fidélité des costumes et l'exactitude des attributs, répondre au but allégorique que paraît s'être proposé l'inventeur de ce jeu, j'ai cru ne pouvoir mieux faire que de vous prier, Monsieur, de me diriger dans cette opération... Mais peut-être permettrez-vous que ces dessins se fassent sous votre direction, et alors je vous demanderais de vouloir bien en charger un ou plusieurs de vos élèves qui vous soumettraient leurs essais et auxquels j'allouerais, sur votre proposition, le prix que vous voudrez bien mettre à leur travail... »

« Français. »

David composa ces nouvelles cartes en 1809, et, en 1811, M. Gatteaux père en dessina de nouvelles.

Les noms des rois David, Alexandre, César et Charlemagne y étaient revenus; mais, conformément aux quatre nationalités de ces rois, les quatre dames étaient : Abigaïl, Statira, Calpurnie, Hildegarde, et les valets : Azaël, Parmenion, Curion et Ogier. Ces cartes de 1811 furent gravées sur bois[2].

Dans ce nouveau jeu, c'est un dauphinois, M. Point,

---

[1] Merlin, *Origine des cartes à jouer*, p. 114.
[2] Merlin, *Origine des cartes à jouer*, p. 115.

qui donna les dessins des trois figures du piquet ; il avait, dans les costumes, copié scrupuleusement le style grec.

Nous ne voudrions pas terminer ce préambule sans parler d'un autre dauphinois, Claude-Oronce Fine, dit de Brianville, qui se fit, dans le xviie siècle, une réputation en France et à l'étranger par son jeu de cartes du Blason. On sait que, dès 1644[1], Jean Desmarest, de l'Académie française, avait mis à la mode une sorte de jeu inventé par un cordelier allemand, nommé Thomas Misner ; c'étaient des cartes à jouer sur lesquelles on remplaçait les rois, dames, valets, etc., par d'autres figures historiques ou allégoriques, de façon à instruire tout en amusant. Brianville fit paraître son jeu en 1659 ; il remplace les figures ordinaires par une ou plusieurs armoiries de souverains et princes de l'Europe. Ce jeu, aujourd'hui fort rare, composé de cinquante-deux cartes, est intitulé : *Cartes d'armoiries de l'Europe* à *S. A. R. de Savoye, par C. O. F.* (Claude-Oronce Fine), *conseiller et aumônier du Roy.*

II.

XVIme siècle. — Les cartes anciennes dauphinoises sont aujourd'hui excessivement rares. Nous ne connaissons pas en Dauphiné de cartes de la première période, c'est-à-dire dessinées et peintes à la main. Ce n'est que vers la fin du xvime siècle que l'on rencontre des cartes à Grenoble ; elles portent le nom de NICOLAS ROLICHON (pl. I, fig. 1).

---

[1] A. Rochas, *Biographie du Dauphiné*, t. I, p. 393.

Comme spécimen, nous signalerons un valet de trèfle[1], vu de face, la main gauche appuyée sur la hanche, la droite tenant une hallebarde, l'épée au côté ; il est coiffé d'une toque, barbe en pointe, justaucorps chargé d'un lion armé et lampassé, les jambes revêtues de cuissards jusqu'aux genoux ; à gauche, une banderolle avec le nom de Nicolas Rolichon en lettres gothiques (pl. I, fig. 2).

Mais rien ne prouve que ces cartes aient été fabriquées dans notre ville. Eymar Dalmas, marchand de Grenoble, vendait à la fin du xvime siècle des cartes de provenance lyonnaise, il se fournissait chez le cartier Philippe Lestourmys, fils du capitaine Denis, demeurant à Lyon, à la boucherie Saint-Paul[2].

III.

XVIIme *siècle*. — On jouait au commencement du xviime siècle avec les cartes de Catelin Geoffroy, de Jean Genevoy, de C. Charpennet et d'Antoine Janin ; il nous a été impossible, malgré nos recherches, de découvrir le moindre document les concernant.

De Catelin Geoffroy, nous possédons le valet de trèfle,

---

[1] Le valet de trèfle est la carte la plus intéressante d'un jeu parce qu'elle donne toujours le nom du cartier et souvent sa marque de fabrique. Le patron des cartiers était saint Julien-le-Pauvre ; ils faisaient partie de la communauté des maîtres papetiers. Louis XIII ajouta à leurs statuts cet article : « Que dorénavant tous les maîtres du métier seront « tenus de mettre leurs noms et surnoms, enseignes et devises qu'ils « auront optés, au valet de trèfle de chaque jeu de cartes, à peine de « confiscation et de 60 livres tournois d'amende. »

[2] Archives de la Chambre des Notaires. Minutes de Me Albrand, 27 sept. 1597.

tout bardé et coiffé de fer, couvert d'un manteau, tenant de la main gauche une hallebarde, de l'autre son écu chargé d'une fleur, au chef chargé des lettres C. G., une banderole s'enroulant dans les pieds avec le nom du fabricant : CATELIN GEOFROY, en lettres gothiques (pl. I, fig. 3). C'est le type des cartiers du commencement du xvII^{me} siècle de Paris, Rouen et Nancy.

Les cartes de « Jehan Genevoy » sont exactement du même type que celles de Nicolas Rolichon (pl. I, fig. 4).

Le valet de pique du jeu d'Antoine Janin diffère des précédents. Il est tourné à droite, appuyé sur une hallebarde et tient de la main gauche une banderolle qui passe entre ses jambes avec le nom en lettres gothiques d'AN-THOINE JANIN.

Quant au valet de trèfle d'un jeu de G. Charpennet, il est vu de dos, coiffé d'une toque à visière, les cheveux frisés ; il appuie sa main droite sur une épée et tient de la gauche une hallebarde. Dans le bas, une banderolle porte le nom du cartier.

Au xvII^{me} siècle, nous constatons l'absence presque complète des noms sur les figures. Ce n'est que vers la fin du xvIII^{me} siècle que l'on trouve sur les rois, dames et valets, les dénominations de nos cartes actuelles.

Cependant on relève, dans nos cartes grenobloises, des devises ; ainsi dans la feuille de cartes de Jean et Pierre Garet (pl. IX), nous trouvons sur les valets de cœur et de carreau les devises : JOVES BIEN ; MAIS BIEN VOUS ; sur d'autres, de la collection de M. Chaper : VIVE LES BONS ENFANS QI JOVENT SOUVENT.

Quelques auteurs ont pensé que ces cartes faisaient peut-être partie de jeux par demandes et par réponses ; cette supposition n'est pas admissible, puisqu'il n'y a dans ces jeux que deux figures ayant des devises.

Le premier maître cartier que nous connaissons, établi à Grenoble, se nommait Jean Bouilhon, natif d'Ambre, en

Auvergne ; il épousa en notre ville, le 10 janvier 1612, Susanne Cardinal[1].

Quelques années plus tard, en 1645, Pierre Le Cornu, cartier, de Rouen[2], ainsi que Benoît Brun, de Dizimieu, y exerçaient leur profession.

Deux ans après, une famille de cartiers, originaire de Marsac, en Auvergne, vint s'établir à Grenoble. Les Garet firent souche en notre ville. Jean Garet, fils de Pierre, vint habiter la rue des Minimes, et épousa : 1º Louise Vernay ; 2º Françoise Ponsard, dont il eut : Catherine, Gabriel, Pierre, Dimanche, Jean et Michel ; il associa son fils Jean à son commerce. On retrouve leurs noms sur la planche de cartes que nous reproduisons, ce qui nous dispense de toute description[3].

Jean Garet mourut en 1663. Ses fils Pierre et Michel furent aussi maîtres cartiers ou « cartalliers. »

L'un épousa Emerantiane Massot et mourut avant 1682 ; l'autre, né en 1660, s'unit, le 15 septembre 1689, à Magdeleine Tranchant, de Saint-Pierre-d'Allevard, fille d'André et de Suzanne Taranteysin.

Nous ne connaissons pas de cartes de la fabrique de Michel Garet. Par contre, nous possédons une enveloppe sur laquelle on lit :

TRIALLIES DES FINES DE

MICHEL GARET ✪

en dessous, une grande rose, accostée de deux dauphins couronnés ; dans le champ, les lettres M. G., et plus bas, un pique et un trèfle.

---

[1] Minutes de Mᵉ Albrand, 1612, fº 382.
[2] Minutes de Mᵉ Rivier, 1645, fº 23.
[3] Elle appartient à M. H. Gariel, ancien conservateur de la bibliothèque de Grenoble, qui a eu l'extrême obligeance de nous permettre de reproduire ce curieux spécimen de nos cartes grenobloises au xviiᵐᵉ siècle.

Gabriel Garet, fils de Jean, cartier, faisait fabriquer son papier *cartier* chez Pierre Bozon, papetier de la Tivolière ; il commandait ordinairement « cent rames de papier de marque à la couronne à 112 livres la rame[1]. »

Citons encore Thomas Dreveton, « *cartalier*, » fils de feu Jean, de la Baume d'Hostun, qui épousa, le 23 janvier 1661, Jeanne Garet, fille de Jacques et de Marie Saragne, « habitant, dit le contrat, depuis huit années en cette ville ; mariage grandement agréable à Jean Garet, maître carttellier, oncle de la dite future épouse[2]. »

Louis Brun, maître cartier, exerça son métier pendant plus de vingt-cinq ans ; il avait épousé, vers 1675, Suzanne Cheminade. Nous ne connaissons pas de cartes sorties de sa fabrique ; mais, en revanche, nous pouvons donner la reproduction d'une belle enveloppe d'un jeu de tarots provenant de la collection de M. Chaper. Au milieu, les armes de France, entourées du collier du Saint-Esprit ; au-dessous, les armes de Grenoble, accostées à droite d'une figure représentant la Justice, tenant une épée et une balance ; au-dessus, sur une banderole, le nom de JUSTISSIA ; à gauche, une autre figure tenant une croix et un calice, surmontée de la devise PIETATE.

Sur les parties qui se replient sur l'épaisseur du jeu, on remarque, dans le haut, un semé de fleurs de lys accompagné de cette légende : MOIENNANT LA BONNE FORTVNE IAMAIS LE JEV NE MINPORTVNE.

Sur les côtés : à droite, les armes du Dauphiné ; à gauche, les armes de France, accostées des lettres M. C. (maître cartier) ; enfin, dans le bas, l'adresse de notre cartier : CARTES FINES DE TARAVLT FAITES PAR LOVIS BRVN DEMEVRANT EN LA RVE S. LAVRENS A GRENOBLE (pl. 2).

Louis Brun s'associa, le 29 décembre 1697, Pierre

---

1 Minutes de Mᵉ Roman, 1666, fᵒ 328.
2 Minutes de Mᵒ Meisenc, 1691, fᵒ 17.

Bony, marchand cartier, qui avait épousé trois jours auparavant sa fille, Marie Brun, et mourut le 20 novembre 1715, âgé de soixante-deux ans.

Pierre Bony, maître cartier, était originaire des Gajards, paroisse d'Orléat, près de Clermont ; il était fils de Pierre-Michel Bony, bourgeois des Gajards, et de Marie Trébuchet. Nous ne connaissons point de cartes sorties de sa fabrique.

Une autre famille de cartiers grenoblois, dont on trouve des produits depuis la deuxième moitié du XVIIme siècle jusque vers la fin du XVIIIme, paraît dans notre ville dès 1670.

Pierre Cheminade loue une boutique rue Sainte-Claire pour y établir son commerce. Les notes que nous avons trouvées soit dans les registres paroissiaux, soit dans les archives des notaires de Grenoble, nous permettent d'en établir la filiation de cette manière :

I. — Pierre Cheminade, fils de Guillaume et de Peronelle Berger, naquit à Marsac (Auvergne), vint s'établir à Grenoble vers 1670[1] ; sa sœur Suzanne y épousa, en 1675, Louis Brun, maître cartier ; lui-même s'unit : 1º à Adrianne Faure ; 2º le 30 novembre 1686, à Magdeleine de l'Isle, fille de Pierre et de Gasparde Maillefaud. Il laissa du premier lit :

1º Louis, né le 3 mai 1684 ;

2º Magdelaine, religieuse à Notre-Dame-de-Valence ;

3º Charles qui suit ;

4º Isabeau, mariée le 2 mai 1700 à Ennemond Molard, maître gantier ;

Du deuxième lit :

5º Catherine ;

6º Jean, né le 30 janvier 1688, meurt le 20 septembre 1696 ;

---

[1] En 1684, il loua de Claude Faure, maître imprimeur, une boutique située rue Sainte-Claire, près les Jésuites ; outre le prix de location, il promit de donner à Claude Faure une douzaine de jeux de cartes fines.

7° Pierre, maître cartier, né le 24 juin 1689, quitta Grenoble pour s'établir à Marseille vers 1722 ; il épousa, le 1er juillet 1710, Anne Chaix, fille de Denis et de Pierrette Prost, de Dôle. De cette union naquirent : le 10 décembre 1711, Pierre ; le 24 juillet 1721, Simon Cheminade ;

8° Marguerite, née le 21 mai 1691, mariée le 14 mai 1709 à François Berthet, maître sculpteur ; elle meurt le 26 juin 1753 ;

9° Magdelaine, mariée à Antoine Caillet, chirurgien de Grenoble ;

10° Laurence, née le 29 octobre 1692 ;

11° Marie-Rose, née le 9 décembre 1701 ;

12° Catherine, née le 6 septembre 1703.

II. — Charles, maître cartier, monnoyeur en la monnaie de Grenoble, épouse : 1° le 8 février 1702, Catherine Montant, fille de Jacques, marchand, de Voiron, elle meurt le 2 mai 1705 ; 2° le 7 mai 1707, Elisabeth Chovin, fille de Philippe Chovin et d'Antoinette Delphin. Il mourut le 7 octobre 1750, âgé de soixante-quinze ans, laissant du premier lit :

1° Charles qui suit ;

2° Magdeleine, née le 29 janvier 1705 ;

3° François, né le 14 février 1708, meurt le 28 septembre 1750 ;

4° Geneviève-Justine, née le 17 janvier 1712, mariée le 29 octobre 1731 à Justin Toscan, notaire à Grenoble;

5° Elisabeth-Laurence, née le 8 novembre 1715 ;

6° Magdeleine, née le 9 août 1717 ;

7° Laurent-Jacques, né le 9 août 1721 ;

8° Pierre, monnayeur en la monnaie de Grenoble, maître cartier, papetier, inspecteur et contrôleur des marchands cartiers et papetiers, qui épousa, le 17 décembre 1742, Anne Faure, de Varces, fille d'Antoine et de Marguerite Denier ;

Du deuxième lit :

9° Claude-François, né le 18 avril 1723 ;
10° Marguerite, religieuse aux Carmélites d'Aix ;

III. — Charles Cheminade, deuxième du nom, né le 8 janvier 1703, maître cartier, habitant la rue Neuve-de-Bonne ; il s'unit à Jeanne Tourillon. De cette union naquirent :

1° Charles qui suit ;

2° Nicolas, maître cartier, épouse, le 14 août 1786, Marie Point, fille de Jean, inspecteur général des Domaines, et d'Elisabeth Bourbanson ;

3° Thérèse, mariée le 12 septembre 1781 à Joseph Michaud, peintre à Vienne.

IV. — Charles, troisième du nom, maître cartier, épouse, le 12 juin 1770, Marianne Micoud, fille de Bruno, négociant à Grenoble, et de Marie-Anne Bourron. De cette union naquirent :

1° Pierre-Charles ;

2° Laurent-Bruno-Emmanuel, né le 24 septembre 1783, secrétaire de la Faculté de droit de Grenoble 1807-1815, ancien préfet, conseiller à la Cour impériale de Grenoble, mort à Seyssinet le 13 juin 1860.

Nous reproduisons (pl. X) une feuille entière des cartes de Pierre et Charles Cheminade, de la fin du XVIIme siècle ; cette curieuse planche gravée appartient à M. H. Gariel, mais nous ne connaissons qu'un spécimen des cartes de Charles Cheminade, deuxième du nom, au XVIIIme siècle. C'est un valet de pique, à la figure rébarbative, les yeux énormes, la barbe en pointe ; il est vêtu d'une casaque aux manches bouillonnées ; il tient de la main droite une hallebarde, et de la gauche une épée la pointe en bas, sur une banderole on lit : Charles Cheminade, et dans l'angle de droite le nom HOGIER[1] (pl. IV, fig. 3).

Le cabinet de M. Chaper possède une enveloppe de jeu de cartes de Ch. Cheminade : au milieu, les armes du duc de La Feuillade *(d'or à la croix ancrée de gueules)*, soutenues par deux lions, entourées d'un manteau et surmontées d'une couronne ducale. Au-dessous, cette adresse :

CARTES FINES FAITES PAR

CHARLES . CHEMINADE . CAR

TIER . DE . MONSEIGNEUR . DE . LA

FEUILLADE . DUC . ET . PAIR . DE

FRANCE . LIEUTENANT . GENE

RAL DS . ARMEZ . DU . ROY . GOUVERN

EUR . DV . DAVPHINE . FAITES A GRE

NOBLE AVIS . LES . R. P. JEGUITES ✠

PIQUET ✠

de chaque côté : à droite, un écusson aux armes de France; à gauche, un soleil entouré de branches de palmier[2].

Une autre enveloppe d'un jeu de piquet du même cartier appartient à M. G. Vallier. Dans le milieu, les armes du duc de La Feuillade; dans les à-côtés, un dauphin couronné; dans les angles, des roses; au-dessous, l'adresse du fabricant :

CARTES FINE FAIETE . PAR CHARLE CHIEMINADE CAR

TIER DE MONSEIGNEVR LE DVE DE LA FEVILLADE PA

IR DE FRANCE GOVVERNEVR DV DAVPHINE LIEVTE

NANT GENERAL DES ARMES DV ROY FAITE A GRENOBLE

PIQUET.

---

[1] Le valet de pique d'Antoine Reynaud et de Claude Charmel sont du même type (collections de MM. G. Vallier et Maignien).

Le calque d'une enveloppe semblable appartenant à M. G. Vallier porte au-dessus le mot : *ombre*.

Sur les côtés, les parties se repliant sur l'épaisseur du jeu : à droite, un soleil surmonté des lettres C. C. (Charles Cheminade) ; à gauche, les armes de France (pl. III).

Claude Charmel, marchand et maître cartier, né à Saint-Quentin (Isère), fils de Claude et d'Antoinette Trouillon, vint s'établir à Grenoble en 1685. Cette même année, il épousa Marie Barginet, fille d'Etienne, portier de la porte de Créqui et canonnier de l'arsenal, et de Magdelaine Gaudoz. Ses produits sont assez bien dessinés. Le valet de pique d'un de ses jeux rappelle d'une manière étonnante les valets des jeux de Jehan Genevoy et de Nicolas Rolichon (pl. VI, fig. 3).

Il y avait à Grenoble, vers la fin du XVIIme siècle, une *manufacture royale* de cartes à jouer sur laquelle nous n'avons point de renseignements. Nous trouvons cependant une convention passée entre Emerantiane Masson[1], marchande en la manufacture des cartes de cette ville, et François Fluretton, marchand papetier à Vizille, de l'année 1683[2], par laquelle ce dernier promet de lui fournir 400 rames de papier cartier. Les cartes qui sortaient de cette fabrique portaient comme marque distinctive un dauphin placé généralement sous le bras gauche des dames et qui, sur le valet de trèfle, était appuyé contre sa jambe droite et accompagné des mots : MANVFACTVRE ROYALE[3].

L'enveloppe des cartes de la manufacture royale représentait, dans un écusson rond, les armes de France et Dauphiné, surmontées d'une couronne royale, entourées

---

[1] Émerantiane Masson, veuve de Pierre Garet, maître cartier, épousa le 3 février 1683, Jean Amat, greffier au bailliage de Graisivaudan, fils de François et de Jeanne Duchesne.

[2] Minutes de M⁵ Dou. Archives des Notaires, f° 274 (1683).

[3] Le filigrane des cartes de la manufacture royale représentait une fleur de lis. Pendant la Révolution, les lettres R. F. sont entrelacées e surmontées d'un bonnet phrygien Sous Louis-Philippe, le filigrane représentait un coq. Pendant le second Empire, un aigle. Enfin, de nos jours les lettres C. I. (contributions indirectes), entrelacées, sont dans une couronne de laurier.

des colliers de Saint-Michel et du Saint-Esprit et de branches de laurier. Au-dessous on lit :

CARTES TRES FINES
FAITES DANS LA MANU
FACTURE ROYALE DE
GRENOBLE EN DAUPHINE[1].

IV.

XVIIIme siècle. — Les figures de nos cartes ne se modifient guère **au commencement du** xviiime siècle ; ce n'est que vers la seconde moitié de ce siècle que le justaucorps et le cuissard sont remplacés par une culotte courte, maintenue par une jarretière avec des bas à jours, et des souliers à talons.

En 1701, les cartes furent soumises à une nouvelle réglementation, par un édit du roi donné à Fontainebleau au mois d'octobre et enregistré au greffe du Parlement de Dauphiné. Un droit de 18 deniers fut établi sur chaque jeu de cartes à jouer[2], à l'exception des provinces de Flandre, d'Artois, d'Hainaut et d'Alsace.

En 1703, ce droit fut réduit à 12 deniers, parce qu'il fut reconnu qu'il était excessif par rapport à la valeur des cartes, dont il égalait presque le prix[3].

---

[1] Collection E. Maignien.

[2] *Recueil des édits et déclarations du Roi*, Grenoble G. Giroud, t. V, n° 351.

[3] Même recueil. Déclaration du roi du 17 mars 1703, t. VI, n° 17.

Enfin, le 21 août 1746, le Parlement enregistre une nouvelle déclaration du roi, qui ordonne ce qui doit être fait pour la perception du droit établi sur les cartes[1].

Avant l'impôt mis sur les cartes, on en fabriquait à Grenoble pour plus de 200,000 livres ; elles étaient presque toutes vendues à l'étranger. Les marchands, rebutés par l'augmentation que formait cet impôt, *avaient attiré chez eux des ouvriers* et firent tomber le plus important commerce de notre ville après la ganterie[2].

Pour le xviiime siècle nous possédons d'assez nombreux produits des cartiers de Grenoble.

Dans un jeu très grossièrement fait, nous rappelant celui de Garet, mais d'un plus petit format, la dame de carreau, les valets de cœur et de carreau, portent dans le coin de gauche un écusson couronné aux armes de France, entouré de ces mots : CARTES DE 1702 DAVPHINE (pl. IV, fig. 2).

M. Chaper possède une feuille entière de cartes, fabriquée par Pierre Cheminade. Elle contient 24 cartes ou deux jeux de figures ; elles portent toutes, soit à droite, soit à gauche, ces mots : F. P. LETRANGER (franc pour l'étranger) ; elles sont sans noms des figures. Le roi de cœur a, sur la poitrine, un aigle à deux têtes ; les valets, un lion.

Au dos de cette curieuse planche on lit : « Empreinte tirée du moule de Pierre Cheminade, 2 déc. 1710. Pierre Cheminade fils. »

Joseph Marchand, maître cartier à Grenoble, fils de Dominique Marchand, résidant au Perier, et de Marguerite Baud, s'établit en notre ville en 1725. Il y épousa, le 16 mai 1727, Barbe Charmeil, fille de Claude, maître cartier, et de Marie Barginet. Nommé syndic du corps

---

[1] Même recueil, t. XXII, n° 34.

[2] *Mémoire sur le Dauphiné*, par l'intendant de Laporte, 1745, p. 22, V.

des maîtres cartiers le 4 novembre 1743, il resta en fonction jusqu'au 14 février 1746[1].

Nous ne connaissons de ce cartier qu'une carte, c'est un valet de trèfle d'une grande dimension, ayant probablement appartenu à un jeu de tarots ; il tient en main une pique ; à gauche : JOSEPH MARCHAND (pl. IV, fig. 1).

M. Chaper possède une enveloppe de jeu de cartes de J. Marchand : dans le milieu, le roi David agenouillé et jouant de la harpe, avec cette légende :

CE QUE DIEU VEU RIEN NE PEUT NUIRE ; AVEQUE
LA FORCE ET MES AMIS JE VINCRAI MES
ENNEMIS.

Au-dessous :

JE CHASSE LENNUIE
DES ESPRITS

Plus bas :

CARTES DE JOSEPH MARC
HAND AU ROY DAVID. DE CRENONL.

Du côté gauche, cette adresse :

CARTES FINES FAITE PA JOSEPH
MARCHAND M. E. ET MARCHAND
CARTIER DEMEVRANT A LA RVE
DES TILLOT PROCHE LA PLACE
NOTTE DAME ENTRES LES ✠
DEUX VOUSTES A GRONOBLE

Enfin le mot : PIQUET ;

---

[1] Le syndic des maîtres cartiers était rééligible toutes les années à Grenoble. Voici les noms de quelques syndics : Charles Cheminade, 1714 ; — Charles Bertolet, 19 juillet 1743 ; — Joseph Marchand, 4 novembre 1743 ; — Antoine Reynaud, 14 février 1746.

La date 1728 et un écusson aux armes de France placés entre les lettres J. M., sur les côtés et la partie se repliant sur l'épaisseur du jeu (pl. V).

Il y avait dans notre ville, en 1743, au moins six maîtres cartiers, qui joignaient presque tous à leur commerce la vente de papiers. C'étaient : Joseph Marchand, Charles Cheminade, François Piccard, Antoine Reynaud, André Bertolet et Charles Bertolet.

Bertolet est le nom d'une famille de cartiers grenoblois que nous trouvons depuis le commencement du xviiime siècle jusqu'à la Révolution. André Bertolet, maître cartier, avait épousé, en 1718, Antoinette Ardoin-Choulet ; ses fils Antoine et Valentin furent aussi maîtres cartiers, ce dernier mourut le 2 mai 1777. Sa fille Antoinette épousa Claude Repellin, maître cartier.

Les quelques cartes que nous possédons de Charles et d'Antoine Bertolet sont bien faites et supérieures, comme netteté, à celles du xviime siècle (pl. VII, fig. 1). L'enveloppe des cartes de Charles Bertolet porte cette adresse :

CARTES FINES DE C

HARLES BERTOLE AV

ARNES DE FLORENCE

A GRENOBLES RVE NEVVE

au milieu, les armes de Florence entourées d'attributs militaires.

André Bertolet s'était associé le cartier François Chantillin, comme nous l'apprend cette autre enveloppe, provenant de la collection de M. Chaper :

CARTES FINE FAITE PAR LES ASSO

CIES ENDRE BERTOLET ET FRANÇOIS

CHANTILLIN MARCHAND DE MEU

RANTS A LA PLACE AUX HERBES

VENDENT TOUTES SORTE DE PAPIER

EN GROS ET EN DETAIL A GRENOBLE

D'autres maîtres cartiers s'associèrent : ainsi, le 10 juillet 1751, « Antoine Reynaud, Charles Cheminade et Antoine Bertolet, tous trois, dit l'acte[1], maîtres cartiers, ce dernier agissant en présence d'André Bertolet, son père, déclarent, pour parvenir au bien de leur commerce, s'associer pour la fabrication des cartes, cette société faite pour le terme de huit années qui commence à courir ce jour et finit en 1760 »; ils apportèrent en fonds 300 livres.

Dans notre collection, nous possédons deux cartes d'Étienne Philippe : un roi et une dame. Il n'y a pas de nom. Dans l'angle de droite, le nom du cartier, E. PHILIPPE. Elles ont une certaine analogie avec celles de Ch. Cheminade, mais elles sont dessinées avec beaucoup plus de soin (pl. VI, fig. 1).

Étienne Philippe, maître cartier à Grenoble, né en 1709, était fils de Philippe Philippe et d'Antoinette Molard, il avait épousé, le 8 janvier 1731, Dominique Colin, fille de Marc Colin et d'Honorade Ranc, de laquelle il eut : Marc Honorade et Philippe. Il mourut le 12 avril 1750 âgé de quarante-et-un ans, et fut inhumé au couvent de Sainte-Claire.

Il convient de citer Antoine Reynaud, dont les cartes rappellent le type de F. Marchand. M. Chaper possède une enveloppe portant au milieu, dans un cartouche, en tête : LA PERLE ROYALE ; une perle tenue par une main avec ces mots : A LA PERLE, surmontée d'une couronne royale et soutenue de chaque côté par un lion ; au-dessous on lit :

CARTES FINE FAITES PAR

ANTOINE REYNAND MAITRE

CARTIER DEMEU RAN LA

PLACE AV SERBE A GRENOBLE

PIQUET

---

[1] Minutes de Me Rey, fo 271.

Les cartes de A. Reynaud sont bien dessinées et très bien coloriées. Le valet de trèfle d'un jeu de piquet qui porte son nom : ANTOINE REYNAUD, est accompagné, du côté droit, d'un petit dauphin.

Un jeu de tarots complet (soixante-dix-huit cartes) du même cartier, que possède M. G. Vallier, semble être destiné pour l'étranger. Plusieurs cartes portent l'écusson de Savoie.

Ce cartier exerçait son commerce à Grenoble en 1748, il y avait épousé : 1º Catherine Beaud ; 2º Jeanne Blonay, et laissa : Thérèse Reynaud, mariée à Alexis Perrière-Dupré, de Voreppe ; Jeanne, femme de François Dupin, et Guillaume Reynaud, prêtre du diocèse, avocat au Parlement. Il mourut en 1776.

Antoine Reynaud vendit, le 12 mai 1777, toutes ses marchandises et outils de cartier à Claude Repellin, fils de Claude, habitant à Autrans, pour la somme de 3,000 livres [1].

D'autres cartes, dont nous n'avons pu trouver le nom du fabricant, portent entre les jambes du valet de trèfle, sur une banderole, ces mots : G. GRENOBLE (généralité de Grenoble) (pl. VI, fig. 4).

Vers la fin du XVIIIme siècle, les cartes de Charles Cheminade ressemblent étonnamment à nos cartes d'il y a vingt ans ; les noms Charles, Alexandre, etc., y figurent. Elles ont toutes au bas le nom du fabricant. Le valet de trèfle soutient un écusson chargé d'un dauphin, entouré du nom de C. Cheminade, et le mot GRENOBLE entre ses jambes (pl. VII, fig. 2).

Un valet de trèfle de la collection de M. Chaper, du même cartier, porte un écusson chargé d'une balance ; au-dessous, une étoile et ce mot : SOCIETE.

---

[1] Minutes de Mᵉ Gautier, 1777, fº 120.

L'enveloppe portait cette adresse :

CARTES FINES
FAITES PAR CHEMINADE CADET
MD CARTIER RUE PERTUISIERE
N° 130 A GRENOBLE

Les cartes que l'on rencontre le plus fréquemment depuis 1760 jusqu'à la Révolution, sont celles de Claude
Repellin et de Barthélemy Mazet. Elles semblent faites sur
le même patron. Sur l'enveloppe du premier on lit :

CARTES FINES FAITES
PAR CLAUDE REPELLIN
MD CARTIER DE MGR PA-
-JOT DE MARCHEVAL INTEN
DANT DE LA PROVINCE DU
DAUPHINE PLACE CLAVE
ZON A GRENOBLE.

Au-dessus, les armes de l'intendant : *un chevron accompagné de trois têtes d'aigles.* L'écusson supporté par
deux aigles et surmonté d'une couronne de marquis.

Les costumes des rois et dames se rapprochent sensi-
blement du type actuel. Sur toutes les figures se trouve
le nom du cartier, B. MAZET ; quant au valet de trèfle, ce
n'est plus le farouche soldat que l'on voit au XVIIme siècle,
il a changé son habit de guerre contre un habit à jupe ; il
tient à la main un écu ovale, ayant au milieu les armes de
Grenoble : *d'or à trois roses de gueules* (pl. VII, fig. 3).

Sur l'enveloppe des cartes de Mazet, on lit :

CARTES FINES FAITES
PAR BARTHELEMI MAZET
MARCHAND CARTIERS
DE MESSIEUS LES CONSULS
ECHEVINS DE GRENOBLE
A LA PLACE CLAVESSON.

Citons encore une carte de François Denis ; c'est un valet de trèfle portant de la main droite un écusson ovale avec ces mots : T. DE DENIS, entre les jambes le nom GRENOBLE.

———

V.

Après la proclamation de la République, en 1792, tous les emblêmes rappelant la royauté furent effacés de nos cartes[1].

Les rois furent coiffés, à Grenoble, d'un bonnet phrygien ; ils s'appuient sur un faisceau surmonté du bonnet de la Liberté. Les dénominations de rois, de reines, de valets furent proscrites et les cartiers inventifs signalèrent leur patriotisme en imaginant de nouvelles figures et de nouvelles appellations. Les rois se nomment *Égalité*. Les dames tiennent une pique surmontée du même bonnet, la dame de pique s'appelle *Liberté* (pl. VII, fig. 4), celle de trèfle *Justice*. Les valets sont coiffés d'un chapeau tricorne et tiennent un fusil à bayonnette (pl. VIII, fig. 2) ; le valet de trèfle porte un écusson ovale, chargé d'un faisceau surmonté de la hache, entouré du nom du cartier, CHEMINADE CADET. Le nom de la ville de *Grenoble* est placé toujours entre les jambes du valet.

---

[1] A Romans, le cartier J. Coissieux échancre la couronne fleurdelisée des rois ; ils tiennent tous une pique et s'appellent tous *Génie ;* les dames : *Liberté* et les valets : *Égalité*. (Collection de M. E. Chaper.)

Dans d'autres villes, à Chartres par exemple, la vente et la fabrication des cartes furent arrêtées *(Histoire de l'imagerie populaire et des cartes à jouer à Chartres,* par J.-M. Garnier, p. 182.)

Une carte d'un autre jeu, la dame de trèfle, est appelée *Union,* VERTU; elle s'appuie sur un faisceau et tient de la main gauche une table sur laquelle on lit ces mots : CONSTITUTION FRANÇOISE, à ses pieds un autel fumant (pl. VIII, fig. 3).

L'enveloppe des cartes de Cheminade cadet, que nous trouvons dans l'inépuisable collection de M. Chaper, représente un faisceau surmonté d'un bonnet phrygien, et appuyé contre un sabre et une pique mis en sautoir, entouré des mots RÉPUBLIQUE FRANCOISE; dans le haut : LIBERTE EGALITE; au bas, l'adresse du cartier :

CARTES FINES

FAITES PAR CHEMINADE CADET

M^D CARTIER RUE PERTUISIERE

N^O 130 A GRENOBLE.

VI.

XIXme siècle. — Au commencement du XIXme siècle, on composa divers modèles; la plupart d'entre eux remplacèrent les anciennes figures par des portraits ou des allégories dans le goût du jour; mais ces jeux ne devinrent jamais populaires. Les figures des cartes représentaient des personnages gallo-romains. Nous ne connaissons qu'une carte d'un jeu grenoblois de cette époque; elle sort de la fabrique de Michaut. C'est un valet de trèfle, tenant de la main droite un casque et de la gauche deux piques et un bouclier; à droite, ces mots : FAB^E DE MICHAUT RUE NEUVE A GRENOBLE N^O 69 (pl. VIII, fig. 4).

C'était, je crois, le seul cartier de notre ville en 1811. Depuis cette date, il n'y eut plus qu'un seul cartier à Grenoble. De nos jours, la veuve Fagot est le seul maître cartier grenoblois. Ses cartes sont faites d'après les anciens modèles donnés par Gatteaux en 1816. Aujourd'hui, le fabricant de cartes est tenu de mettre sur chaque jeu une enveloppe indiquant son nom, demeure, enseigne et signature en forme de griffe. L'enveloppe de la veuve Fagot est lithographiée ; au milieu, dans un cartouche, une figure représente la Fortune.

Tel est le résultat de nos recherches sur les cartes à jouer grenobloises. Nous aurions désiré donner des renseignements plus positifs sur leur origine dans notre ville ; mais n'ayant rien pu découvrir de certain à l'égard de nos cartiers au xvime siècle, il a fallu nous en tenir aux conjectures. Nous avons simplement tâché de faire connaître quelques-uns des produits d'une industrie des plus florissantes au siècle dernier, sur laquelle n'existait encore aucune monographie.

DOCUMENTS CONCERNANT LES CARTES ET LES CARTIERS

NOMINATION DE SYNDIC DES MAITRES CARTIERS EN FAVEUR D'ANTOINE REYNAUD.

« Du 14e fevrier 1746 dans l'hotel de ville pardevant nous Jacques Rigo sieur de Combe ecuyer, conseiller du Roy auditeur en la chambre des comptes de Dauphiné, lieutenant general de police de la ville faubourg et banlieue de Grenoble en présence du procureur du Roy ecrivant le greffier du siege,

A comparu sieur Joseph Marchand, marchand cartier

de cette ville et syndic du corps des maîtres cartiers de cette ville, lequel a dit que depuis le 4e novembre 1743 il a esté nommé syndic des maîtres cartiers, et comme il a fait son tems meme au dela ne devant rester syndic qu'une année en conformité des reglements, et ensuite de notre ordre ils ont été convoqués par le comparoissant pour nommer un autre syndic en sa place, et attendu que partie des maîtres cartiers sont icy presents il nous requiert qu'il nous plaise ordonner qu'ils nommeront tous presentement un autre syndic en sa place au peril des absants convoqués et non comparoissant, et a signé Marchand. Le procureur du Roy a requis acte de la ditte requisition et en conséquence que les maîtres cartiers icy presents nommeront tout presentement un autre syndic au lieu et place dudit sieur Marchand au peril des absents convoqués non comparoissants et a signé Ollagnier, procureur du Roy.

Ensuite de quoy les maîtres cartiers qui sont icy present scavoir André Bertholet, Charles Bertholet, Etienne Philippes, Antoine Reynaud, Joseph Marchand, François Piccard, Pierre Cheminade fils, tous maîtres cartiers de cette ville ont nommé à la pluralité des voix nul discordant au lieu et place dudit sr Marchand au peril des absents convoqués et non comparoissant la personne d'Antoine Reynaud maître cartier de cette ville, auquel ils donnent pouvoir de faire rendre compte audit Marchand de ce qu'il a receu des deniers commun du corps et a tous ceux qui ont maniés des deniers commun du corps faire payer les droits d'ouverture de boutiques a ceux qui ne l'ont pas payés et qui s'etabliront a l'avenir, et generalement faire pour l'interest du corps tout ce qui sera trouvé le plus convenable pour le bien et avantage d'icelluy et après laquelle nomination, le dit Pierre Cheminade, Joseph Marchand et François Picard se sont retirés et n'ont voulu signer, et ont les dits André Bertholet, Estienne Philipes signés non le dit Charles Bertholet pour ne savoir ecrire de ce enquis et requis, André Bertholet Estienne Philipes.

Le procureur du Roy a requis acte de la susditte nomination, et attendu que le dit Reynaud est icy présent il nous plaise recevoir son serment de bien et fidellement faire les fonctions de syndic des maîtres cartiers de cette ville suivant et conformement à sa nomination et a signé Ollagnier, procureur du Roy.

Nous lieutenant général de police avons donné acte de la dite nomination de syndic de la personne d'Antoine Reynaud pour servir et valloir ce que de raison, et acte de ce que lesdits Marchand, Cheminade fils et Picard se sont retirés sans avoir voulu signer et en consequence avons ordonné audit Reynaud cy présent de preter serment. A quoy ledit Antoine Reynaud a a l'instant satisfait levant la main à la manière accoutumée a promis et juré de bien et fidellement faire les fonctions de syndic des maîtres cartiers de cette ville suivant et conformement à sa nomination, de tout quoy nous avons donné acte, et a signé avec nous et notre greffier. Reynaud, Rigo, lieutenant general, J. Guynier greffier. »

DAUPHINÉ

MANUFACTURES ET FABRIQUES

1754

CARTES A JOUER.

« Le nombre des maîtres cartiers est fort diminué, il n'enreste plus que huit dans la province scavoir : quatre à Grenoble et quatre à Romans. Avant l'impot mis sur les cartes il en passoit de grandes quantités chez l'Etranger et il s'en fabriquoit à Grenoble pour plus de 200,000 livres. — Aujourd'hui ce commerce est totalement tombé et arrive à peine à 20,000 livres.

Voici la manière de fabriquer les cartes avec le detail de ce qu'il en coute tant pour les fournitures que pour le payement des ouvriers.

Il faut trois sortes de papier pour former la carte.

Le *pot* qui est le papier de dessus destiné à recevoir la couleur.

L'*etresse* ou *main brune* qui est le papier du milieu et le *papier cartier* qui est le papier de dessous.

Le premier travail s'appelle le melage du papier. On mele une feuille d'etresse avec une feuille papier cartier pour les cartes de teste, et une feuille d'etresse avec une feuille de papier au pot, pour les cartes de point.

Un habile ouvrier peut meler deux rames dans une heure.

Le collage vient après, il y en a deux : le collage en feuille et le collage en ouvrage, dans le premier on colle les feuilles telles qu'elles ont été melées,

Dans le second on colle le dessus aux cartes de têtes et le dessous aux cartes de point.

Un ouvrier peut coller dans un jour dix rames de papier composées chacune de vingt rames.

Les cartons étant collés on les met en presse, de là on les attache aux étandages pour secher, en été ils y restent un jour, et en hiver plus ou moins suivant le degré de chaleur de l'endroit ou ils sont étendus.

La peinture des cartes vient ensuite, un ouvrier peint jusqu'a cinquante, cinquante-cinq rames de cartons composées de vingt-cinq, chacune et destinée pour des cartes de point : mais lorsqu'il travaille aux cartes de tête, il n'en peint qu'environ neuf rames, parce que ces dernières cartes sont chargées de cinq couleurs.

La lisse suit la peinture. Elle sert à donner le lustre aux cartes. On les chauffe et on les savonne pour pouvoir les lisser, le dessous des cartes ne se lisse ordinairement que lorsqu'on veut former les jeux à cause que ce lustre se perd facilement. On peut lisser dans un jour quinze à seize rames dessus et dessous.

Avant de travailler à la lisse, on prépare et on arrange les cartons dans l'ordre qu'ils doivent avoir ; ce qui s'appelle faire les bouttées. Elles sont composées de différentes façons suivant la quantité et l'espèce de jeu que l'on veut former.

Une bouttée de vingt jeux de cartes entières est composée de cinquante-trois cartons, savoir : quarante de point et douze de têtes, les quarante cartons de point font ce qu'on appelle le patron, le patron est de cinq doubles ou de dix cartons, dans les quatre patrons de point il y en a deux de rouges et deux de noirs, dans les rouges et dans les noirs il y en a deux de bas jeu et un de gros jeux. Les bas jeux sont les deux, les trois, les quatre, les cinq et les six. Les gros jeux sont les sept, les huit, les neuf, les dix et l'as, chaque carton produit deux cartes de chaque espèce.

La dernière opération est celle de couper, on se sert à cet effet de deux sortes de cizeaux les grands et les petits. Les grands sont employés a rogner et a traverser, c'est à dire à couper le carton dans toute sa longueur, les petits, servent à couper la carte, ce qu'on appelle trancher les coupeaux.

Les cartes coupées on les assortit et on les trie en separant les bonnes d'avec les mauvaises on forme ensuite les jeux et on les enveloppe.

On va a present entrer dans le detail des frais qu'occasionnent les cartes, et les spécifier article par article pour demontrer le benefice que ce metier peut rapporter à ceux qui l'exercent.

	l	s	d
Le papier necessaire pour former une main de cartons coûte	»	15	3
Le collage et la colle coutent	»	1	9
Pour la main d'œuvre	»	1	6
Pour l'achat des couleurs servant à faire la peinture pour les têtes et points	»	1	10
Pour la lisse	»	1	9
Pour l'impression des têtes	»	1	5
Pour le triage des cartes et autres petits frais	»	2	»
	1	5	6

Une main de cartes produit quinze jeux de cartes, savoir cinq jeux de cartes entieres cinq dombre et cinq de piquet.

Ces quinze jeux valent les uns dans les autres deux sols trois deniers chacun ce qui fait une somme

	l	s	d
de	1	11	3
De laquelle deduisant celle de	1	5	6
Il reste de benefice au cartier	»	5	9

Il s'est consommé en l'année 1754 dans toute la province 211,558 jeux de cartes.

Savoir :

De celles fabriquées à Grenoble

Entières	26 383	
Cadrilles	42 420	
Piquet	74 688	
Comète	240	159.073
Revercy	5.400	
Sizette	768	
Bassette	3.702	
Try	5 472	

A reporter 159.073

Report.. .... 159.073

De celles fabriquées à Romans

Entières....................	10.994	
Cadrilles....................	14 335	
Piquet	17 940	
Revercy.....................	2 704	52.485
Sizette	320	
Try........................	432	
Cartes espagnolles...........	5.760	
TOTAL...................	211.558	

(Extrait du Mémoire général sur le Dauphiné de l'intendant de La Porte, 1754 — p. 49 à 53 — in-f° ms. Bibl. de Grenoble R. n° 5766.)

LISTE DE MAITRES CARTIERS GRENOBLOIS
DEPUIS LE XVIIᵐᵉ SIÈCLE JUSQU'A NOS JOURS

Les noms précédés d'un astérisque sont ceux des cartiers dont il existe des spécimens.

Bourlhion (Jean), 1612-1623 [1].
Le Cornu (Pierre), 1645.
Brun (Benoît), 1645-1674 [2].
Brun (Louis), fils de Benoît, 1645-1682.
Garet (Jean), 1648-1672.
Garet (Pierre), 1660-1680 [3].
Dreveton (Thomas), 1661.
*Muron (Étienne), 1681-1700 [4].
Courun (Pierre), 1681-1692.
Borlion (Gabriel), 1683.
*Cheminade (Pierre), 1684-1720.
*Charmeil (Claude), 1685-1714.
Garet (Michel), 1689.

Brun (Louis), 1689-1715.
Jouven (Antoine), 1689-1693 [1].
Roux (Pierre), 1690-1696 [2].
Tinel (Philippe), 1690-1711 [3].
Bony (Pierre), 1697 [4].
Guerre (Claude), 1699.
Pater (Pierre), 1699-1734 [5].
Musy (François.), 1699-1706.

---

[1] Il habitait *La Perrière* en 1613. En 1615, il prit un arrentement avec son frère Antoine, le martinet à papier de Vizille.

[2] Il habitait d'abord la Grande-Rue, puis, en 1662, la rue du Bœuf; il épousa, le 20 janvier 1645, Philiberte Chabeuil, fille de Jean, de Saint-Marcellin.

[3] Il tenait boutique dans la rue des Minimes.

[4] Il habitait rue Très-Cloîtres en 1681.

[1] Compagnon cartier chez Louis Brun, en 1686; il épouse, le 3 décembre 1688, Antoinette Doittier, fille à Louis, maître tisserand, et d'Antoinette Chéruzel.

[2] Avait épousé Suzanne Second.

[3] Il naquit à Saint-Nazaire-en-Royans, épousa, le 26 septembre 1690, Jeanne Bouquier et mourut le 25 avril 1711, à l'âge de cinquante ans ; il tenait boutique en rue Très-Cloîtres.

[4] S'unit, le 26 décembre 1697, à Marie Brun, fille de Louis, maître cartier ; à partir de ce jour, dit le contrat, il s'associa avec son beau-père pour neuf ans.

[5] Il mourut le 28 décembre 1734, à l'âge de soixante-dix-sept ans.

Ripert (Pierre), 1700 [1].
* Truc (Claude), 1700-1720 [2].
David (Claude), 1707-1715 [3].
Cheminade (Pierre), 1710-1746.
Joubert (Hugues), 1711 [4].
Charvet (Jean), 1712-1730 [5].
* Cheminade (Charles), 1714-1744
* Bertolet (André), 1718-1719 [6].
Bertolet (Charles), 1718-1748 [7].
* Allègre (Jean), 1720-1723.
Truc (Claude) fils, 1720-1723.
Ruybet (André), 1721-1726 [8].
Chantillin (François), 1723-1755
* Marchand (Joseph), 1725-1748.
Ruybet (François), 1725-1726.
* Philippe (Étienne), 1730-1750.
Mermo (Pierre), 1731.
Picard (François), 1731-1749 [9].
* Cheminade (Pierre), 1742.

* Reynaud (Antoine), 1743-1777.
* Cheminade (Charles), 1748-1768.
Marchand (Louis), 1751 .
* Bertolet (Antoine), 1752-1772.
Bons de Beauregard (Jean de), 1755.
Delisle (Gabriel), 1754-1760 [2].
Bertolet (Valentin), 1770-1775 [3].
* Mazet (Barthélemy), 1773-1786 [4].
* Vial (Claude), 1774-1798 [5].
* Repellin (Claude), 1777-1798 [6].
* Cheminade dit le Cadet (Nicolas), 1786-1796).
* Denis (François), 1796.
* Boujard (François), 1802.
* Michaud, 1810.
* Guerin frères, 1868.
* Fagot et Pelloux, 1874-1882.
* Fagot (Ve Adélaïde), 1882-1887.

---

[1] Il fit son apprentissage chez Pierre Cheminade ; son père, André Ripert, était précepteur à Valence.

[2] Il avait épousé Florence Provin.

[3] Fils de Pierre David et d'Anne Hivert.

[4] Il était natif de la Saône.

[5] Il naquit à Varces et épousa, le 6 mai 1712, Ennemonde Murian.

[6] Demeurait rue Marchande.

[7] Fils d'Antoine et de Dimanche Gillet, de Saint-Michel-de-Paladru, naquit le 30 octobre 1687 ; il épousa, le 13 janvier 1721, Philippa Lespagnol, fille de Jacques, cartier, et de Madeleine Gachet.

[8] Il avait épousé, le 20 janvier 1719, Barbe Charmeil, fille de Claude Charmeil, marchand cartier, et de Marie Barginet ; son testament est du 2 février 1726.

[9] Habitait rue Pérolerie.

[1] Habitait rue du Bœuf.

[2] Fils d'Antoine Delisle, procureur en la Chambre des comptes.

[3] Il quitta Grenoble en 1775 et alla s'établir maître cartier à Tours.

[4] Natif de Champrond, près de Vif, entra en apprentissage en 1760 chez André et Antoine Bertolet père et fils, cartiers. Il habitait, en 1773, « à la descente du pont de bois. » puis vint s'établir, en 1775, place Claveyson, où il loua une boutique pour cinq ans, au prix de 260 livres.

[5] Fils de Barthélemy Vial, de Cossey, près Claix ; il avait fait son apprentissage chez B. Mazet.

[6] Fils de Claude Repellin, marchand d'Autrans ; il avait épousé Antoinette-Bazillice Bertolet.

PL. II

CARTES FINES DE TLARAVLT FAITES
PAR LOVIS BRVN DEMEVRANT EN
LA RVE S. LAVRENS A GRENOBLE.
M C

CARTES·FINE·FAIE E·PAR·CHARLE·CHIEMIN·A DE·CAR
TIER·DE·MONSEIGNE·VR·LE·DVE·DE·LA·FEVIL I·A DE·PA
IR·DE·FRANCE·GOVVERNEVR·DV·DAVPHINE·LIEVTE
NANT·GNERAL·DES·ARMES·DV·ROY·FAIE·A·GRENOBLE
PIQUET

1
IOSEPH·MARCHAND

2
CAVES DE 1702

3
·HOGIER·
CHARLE S·CHEMINADE·

1731
CARTES DE JOSEPH MARCHAND AU ROY DAVID DE GRENOBLE
LA FORCE ET MES AMIS
JE VIN
AVE QUE
JE GUEDIEU VE U RIEN E PEU NIURE
CRAX MES ENEME IS Y
CARTES·FINE·FAITE·PAR·JOSEPH·MARCHAND
M·E·ET·MARCHAND·CARTIER·DEMEURANT·A·LA
REU·DE·TILLOT·PROCHE·LA·PLACE·NOTE·DAME
ENTRE·LES·DEUX·VOUS·TE·A·GRENOBLES
JAY·ESTE·OBLIGE·DE·CHANGER·LATITUDE·DU·ROY·DAVID
ESTANT·CONTRE·FAITE·PAR·PLUSIEURS·PARTICULIERS
JE CHASSE LENNUY
DES ESPRITS

1
E PHILIPPE
2
3
CLAVDE CHARMEL
4
GRENOBLE

1

2

3

4

1

EGALITE

2

FORCE II

3

UNION
CONS
TITU
TION
FRAN
COISE
VERTUE

4

V
FABꟷ DE MICHAUT
RUENEUVE A
GRENOBLE N.º 68

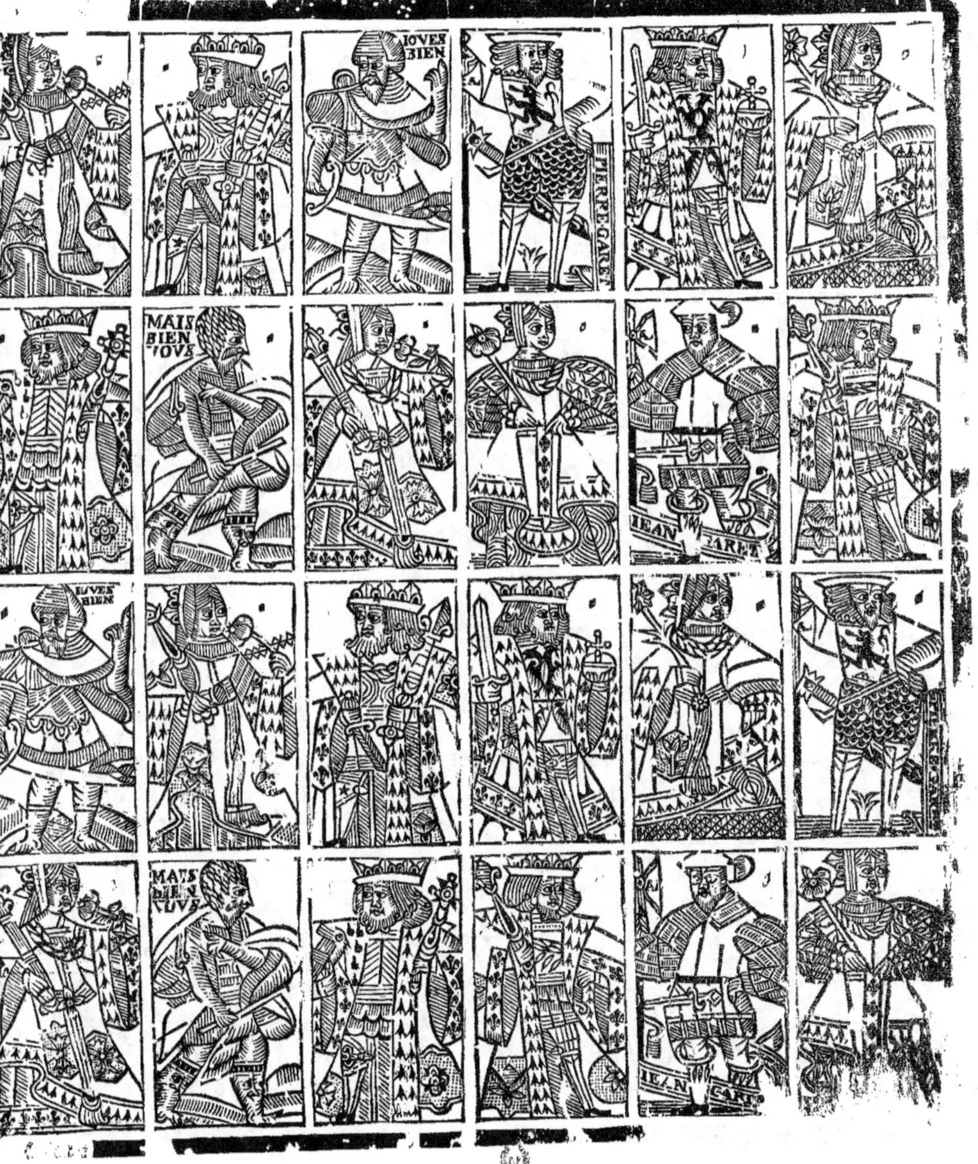
IOVES BIEN
MAIS BIEN TOVS
IEAN GARET
IOVES BIEN
MAIS BIEN TOVS
IEAN GARET

www.ingramcontent.com/pod-product-compliance
Lightning Source LLC
LaVergne TN
LVHW012256050726
842524LV00004B/1140